41292

Der Autor

Christoph Riedel fotografiert seit seiner Schulzeit in den 1960er-Jahren Eisenbahnen, ernsthaft und systematisch seit etwa 1980, wobei das Thema „Eisenbahn und Landschaft“ bevorzugt wird. Jedes Jahr werden einige mehrtägige Fotoexkursionen unternommen, in der Zwischenzeit entstehen Bilder in der per Tagesausflug erreichbaren Umgebung des Heimatortes. Inzwischen umfasst das Fotoarchiv über 17.000 Fotos in analoger und digitaler Form (www.riedelfoto.de).
In seiner Freizeit ist der Autor außerdem in einer Bürgerinitiative (Aktionsbündnis Volme-Agger-Bahn) engagiert, die erreicht hat, dass die Volme-Agger-Bahn zwischen Brügge und Gummersbach sukzessive wieder im Personenverkehr reaktiviert wird.
Sein weiteres privates Interesse gilt der Geschichte, insbesondere der neueren Geschichte nach 1848.

Die Eisenbahn im Rheinland

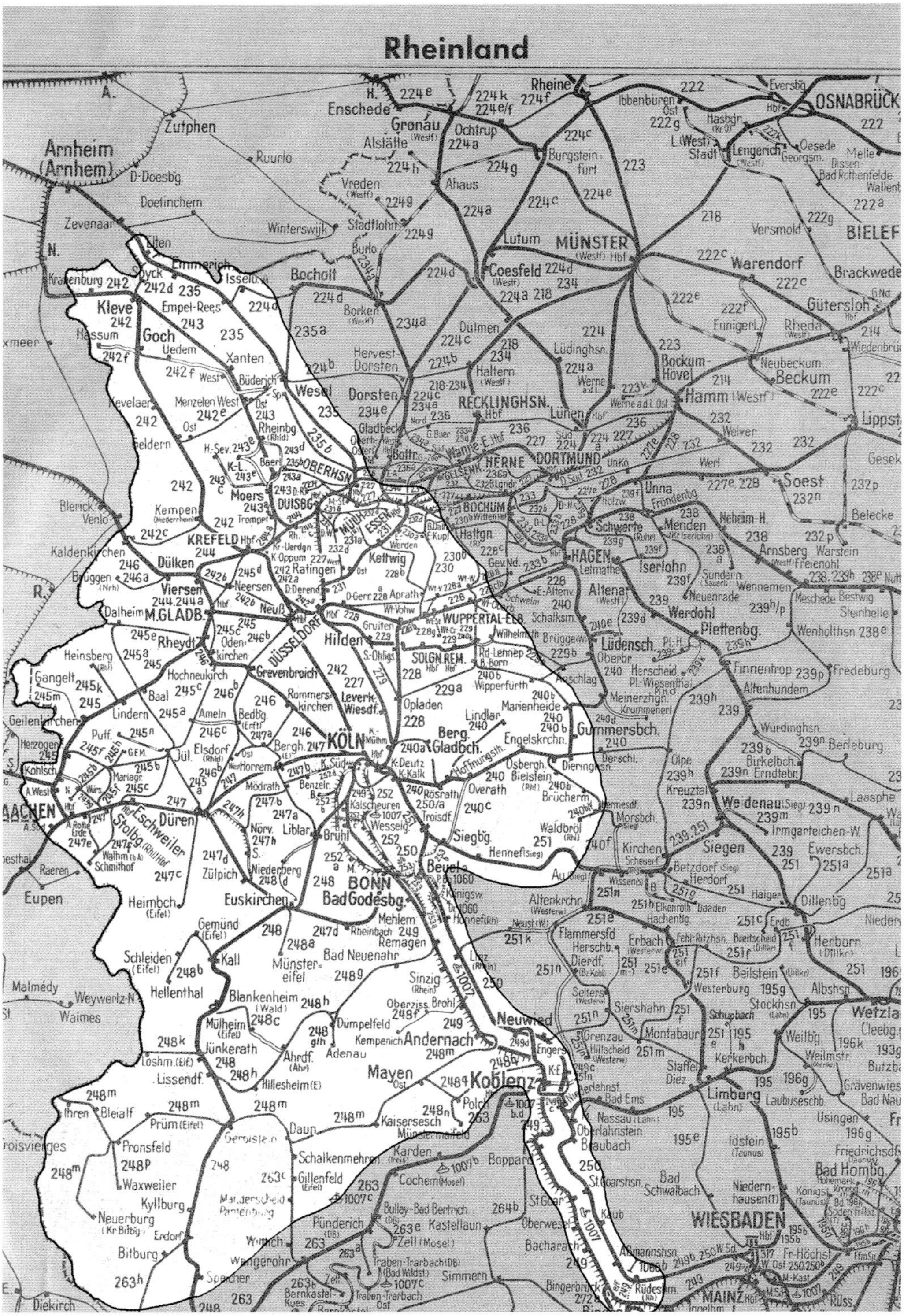
Rheinland
Enschede
Rheine
OSNABRÜCK
Arnheim (Arnhem)
Zutphen
Gronau
Ahaus
MÜNSTER
Bocholt
Coesfeld
Dülmen
Wesel
Kleve
Goch
Xanten
Dorsten
RECKLINGHSN.
Hamm (Westf)
HERNE
DORTMUND
Soest
OBERHSN
DUISBG
BOCHUM
Moers
ESSEN
KREFELD
HAGEN
Dülken
Viersen
M.GLADB.
Neuß
DÜSSELDORF
WUPPERTAL-ELB.
Iserlohn
Rheydt
Hilden
SOLGN.REM.
Lüdensch.
Grevenbroich
Leverk.-Wiesdf.
KÖLN
Gummersbch.
Berg. Gladbch.
AACHEN
Düren
Siegbg.
Siegen
BONN
Bad Godesbg.
Euskirchen
Neuwied
Andernach
Koblenz
Mayen
Limburg
WIESBADEN
MAINZ
Bitburg
Eupen
Malmédy

Christoph Riedel

Die Eisenbahn im Rheinland

Die schönsten Strecken, Loks und Züge

SUTTON ZEITREISE

Am 8. Juni 2014 ist 151 140-1 bei Braubach auf der rechten Rheinstrecke mit einem Leerzug auf dem Weg nach Süden.

Vorsatz: Güterzugmaschinen der Reihe 41 im Bw Köln-Eifeltor, aufgenommen am 22. August 1967.
Nachsatz: Unversehens in die späten 1950er-Jahre versetzt fühlt sich der Fotograf am 24. April 2010 bei Leutesdorf an der rechten Rheinstrecke, als 44 2546 plötzlich mit einem Sonderzug auftaucht. Lediglich die DR-typischen Windleitbleche stören die nostalgische Impression ein wenig.

Bildnachweis: Alle Bilder stammen aus dem Archiv des Autors.

Impressum
Sutton Verlag GmbH
Hochheimer Straße 59
99094 Erfurt
www.suttonverlag.de

ISBN: 978-3-95400-737-0
Druck: Florjančič Tisk d.o.o. / Slowenien

Inhaltsverzeichnis

Am 22. August 1967 existierte das Bw Köln-Eifeltor noch und 78 094 pausierte dort an den Lokbehandlungsanlagen.

Einleitung

Dieses Buch handelt von der Eisenbahn im Rheinland. Da der Begriff „Rheinland" aber eine weder geografisch noch politisch klar definierte Region bezeichnet, ist eine Abgrenzung des darzustellenden Raumes sinnvoll. Wenn man als Kriterium die Grenzen der ehemaligen preußischen Rheinprovinz wählen würde, müssten Teile des Saarlandes mit in die Darstellung einbezogen werden. Dies würde sich aber nicht mit den Vorstellungen decken, die wahrscheinlich die meisten Zeitgenossen mit der Bezeichnung „Rheinland" verbinden. Hierzu zählen sicherlich das flache Land am Niederrhein, die Köln-Aachener Bucht und das Mittelgebirge der Eifel. Rechtsrheinisch wird auch das Bergische Land als Teil des Rheinlandes wahrgenommen. Weitere zum Rheinland gehörende Mittelgebirge sind die an das Rheintal grenzenden Höhen von Westerwald, Taunus und Hunsrück, die aber weitgehend unberücksichtigt bleiben sollen. Der Hunsrück weist nämlich derzeit nur noch eine kurze im Schienenpersonenverkehr bediente Bahnstrecke auf (Boppard–Emmelshausen) und im Taunus findet man solche Strecken nur weitab des Rheins zwischen Frankfurt und Limburg. Beide verbliebenen Nebenbahnen des Westerwaldes, die Strecken Au/Sieg–Limburg und Siershahn–Limburg, wird der Leser weniger mit dem Begriff „Rheinland" in Verbindung bringen. Die einzige Hauptstrecke dieser Region, die Schnellfahrstrecke Köln–Frankfurt, soll jedoch mit zwei Fotos im Kapitel „Rheinstrecken" Berücksichtigung finden.

Verbindende Achse aller rheinischen Landschaften ist der namensgebende Rhein, ein Fluss, der sich am Mittelrhein tief in das Rheinische Schiefergebirge eingeschnitten hat und besonders zwischen Bingen und Koblenz eine wildromantische Landschaft schuf, die vor 200 Jahren in der Rheinromantik ihren literarischen Niederschlag gefunden hat. Beiderseits des Stroms verlaufen Hauptbahnen, die bis zur Eröffnung der Schnellfahrstrecke Köln–Frankfurt zu den bedeutendsten Fernbahnen Deutschlands zählten und auch heute noch besonders im Güterverkehr eine herausragende Rolle spielen. Legendäre Züge wie der seit 1928 mit besonderem Wagenmaterial eingesetzte Luxuszug „Rheingold" prägten für Jahrzehnte den Eisenbahnverkehr an beiden Ufern des Rheins.

Diese bedeutenden Hauptstrecken werden wir mit der Kamera bis zur Einmündung der Nahe bei Bingerbrück und auf der rechten Rheinseite bis in den Rheingau bei Rüdesheim begleiten. Abschließend sollen in einem eigenen Kapitel die bedeutenden Hauptbahnhöfe des Rheinlandes Berücksichtigung finden. Mehrere dieser wichtigen Bahnknotenpunkte – Köln, Aachen, Mönchengladbach und Krefeld – verfügen auch heute noch über historische Bahnhofshallen, die in einem reizvollen Kontrast zu den aktuell eingesetzten modernen Schienenfahrzeugen stehen. Viele der dargestellten Motive sind nicht mehr wiederholbar, weil entweder die eingesetzten Fahrzeuge längst ausgemustert und verschrottet wurden oder die befahrenen Strecken durch eine euphemistisch „Angebotsumstellung" genannte Stilllegung heute nicht mehr von Reise- oder Güterzügen befahren werden.

Der Bildband spannt den Bogen von der Phase der späten Bundesbahnzeit, in der noch Formsignale, mechanische Stellwerke und besetzte Schrankenposten das Bild der Bahn prägten, bis zur heutigen Zeit, in der früher mit Personal besetzte Bahnhöfe zu Haltepunkten im Stil einer Bushaltestelle degradiert wurden und der Güterverkehr auf Nebenbahnen praktisch nicht mehr existiert. Einige wenige Aufnahmen aus der Dampflokzeit sollen eine Brücke zur „klassischen"

Bundesbahnzeit schlagen. Auch bei den eingesetzten Fahrzeugen zeigt sich, dass die Zeiten der „alten" Bundesbahn längst vorbei sind. Man sieht zunehmend Fahrzeuge nicht bundeseigener Bahngesellschaften landauf landab im Nah- und Regionalverkehr und findet mit Lokomotiven bespannte Züge nur noch auf bestimmten Regionalexpresslinien und im IC-Verkehr, wenn man von Güterzügen einmal absieht. Im Personenverkehr prägen heute Triebwagen das Bild der Bahn, angefangen von leichten, von Dieselmotoren angetriebenen Einteilern für untergeordnete Strecken bis hin zu fünfteiligen Elektrotriebzügen für die früher sogenannten Eilzugstrecken, die heute Regionalexpresslinien heißen.

Die Aufnahmen entstanden – soweit es die älteren Dampflokbilder betrifft – auf Exkursionen, die ich als Schüler mit der Bahn und einer einfachen Kamera unternommen habe. Aus diesem Grunde sollte der Leser bei diesen Aufnahmen nicht die Ansprüche an die Qualität stellen, die er bei den Aufnahmen ab 1980 erwarten darf. Diese neueren Bilddokumente entstanden, als ich nach Beendigung meines Studiums die Liebe zur Eisenbahnfotografie wieder entdeckte und begann, zunächst im heimischen Umfeld von Sauerland und Bergischem Land, später dann deutschlandweit den aktuellen Bahnbetrieb auf Diafilm, ab 2007 dann digital festzuhalten. Werkzeuge waren zunächst Spiegelreflexkameras der Marke Pentax, die einen Kleinbildfilm belichteten, bevor ich den Reiz von Mittelformatkameras entdeckte und erst eine Pentacon Six aus der DDR, später dann Produkte der Firma Mamiya erwarb. Auch an den japanischen Kameras setzte ich aber weiterhin die Zeiss-Objektive aus Jena ein, die schon an der Pentacon Verwendung gefunden hatten. Inzwischen fotografiere ich nur noch digital, wobei vollformatige Kameras von Canon und Sony zum Einsatz kommen.

Der Niederrhein und die Köln-Aachener Bucht

Die Region Niederrhein und die sich südlich anschließende Köln-Aachener Bucht (gemeinsam auch niederrheinische Bucht genannt) werden im Westen und Norden durch die deutsch-niederländische Grenze, im Osten durch Münsterland und Bergisches Land und im Süden durch die Voreifel und das Mittelgebirge der Eifel begrenzt. Bedingt durch die meist relativ schwache Reliefenergie hatte sich in diesem westlichsten Teil Nordrhein-Westfalens einst ein recht dichtes Netz von Eisenbahnlinien entwickelt, das mit einigen wichtigen Hauptbahnen auch in die benachbarten Niederlande und nach Belgien hineinragte. Dazu zählt heute noch die wichtige rechtsrheinische Hauptbahn von Oberhausen nach Arnheim, bereits 1856 von der Cöln-Mindener Eisenbahn eröffnet und lange Jahre Paradestrecke des ab 1928 zwischen den Niederlanden und der Schweiz laufenden Luxuszuges „Rheingold". Die in den Jahren 1964 bis 1966 elektrifizierte Strecke gehört heute zu den auch im internationalen Verkehr wichtigsten Bahnstrecken Nordrhein-Westfalens und wird in naher Zukunft zur Entlastung ein drittes Streckengleis erhalten.

Auf der anderen Rheinseite gab es mit den Hauptbahnen von Krefeld und Duisburg nach Nijmegen zwei weitere grenzüberschreitende Linien, die sich in Kleve vereinigten und bei Kranenburg die deutsch-niederländische Grenze erreichten. Leider gibt es zwischen Kleve und Nijmegen bereits seit 1991 keinen Personenverkehr mehr, im Jahr 1999 wurde die Strecke stillgelegt. Auch ein Teil der Strecke Duisburg–Kleve wird seit 1990 nicht mehr mit Zügen bedient, die Züge aus Duisburg enden bereits in Xanten. Eine weitere bedeutende grenzüberschreitende Hauptbahn war die Hamburg-Venloer Bahn, die heute nur noch in Teilen vorhanden ist. Während der Streckenabschnitt zwischen Hamburg und Haltern im westlichen Münsterland noch eine wichtige Verkehrsader darstellt, ist der die oben vorgestellten Hauptstrecken in westlicher Richtung querende, über Wesel und Goch nach Venlo führende Teil schon lange stillgelegt. Weitere grenzüberschreitende Strecken gibt es von Viersen nach Venlo (Eröffnung 1866) – über diese Linie wurde Anfang der 1950er-Jahre für kurze Zeit sogar der berühmte Luxuszug „Rheingold" geführt –, von Aachen aus nach Heerlen in den Niederlanden (Eröffnung 1853) und nach Lüttich in Belgien (Eröffnung 1843 zwischen Aachen und dem damaligen Grenzbahnhof Herbesthal). Weitere innerdeutsche Hauptbahnen verlaufen vom bedeutendsten Bahnhof der Region aus, dem Kölner Hauptbahnhof, in Richtung Aachen, Mönchengladbach, Düsseldorf und Wuppertal. Der grenznahe Raum wird durch die elektrifizierte Hauptstrecke Mönchengladbach–Aachen erschlossen.

Die Nebenbahnlandschaft des Niederrheingebiets genauer zu beschreiben, würde den Rahmen dieses Textes sprengen. Wie überall ist auch hier das Netz der untergeordneten Strecken in den letzten 60 Jahren stark ausgedünnt worden. Beispielhaft soll deshalb an dieser Stelle nur die Entwicklung des ehemaligen Nebenbahnknotens Jülich vorgestellt werden. Noch in den 1950er-Jahren führten von hier aus Nebenbahnen in Richtung Baal (–Dalheim), Puffendorf (Jülicher Kreisbahn), Aachen Nord, Stolberg, Düren und Hochneukirch. Zwischen 1968 und 1980 wurden fünf der sechs Strecken im Personenverkehr stillgelegt, sodass der Bahnknoten Jülich zum Endpunkt einer Stichstrecke nach Düren herabsank. Zunächst endete der Personenverkehr in Richtung Baal an der Hauptstrecke Aachen–Mönchengladbach im Jahr 1968, drei Jahre später war die Strecke Jülich–Puffendorf der Jülicher Kreisbahn am Ende. 1980 traf es dann gleich drei der verbliebenen vier Nebenbahnen, als in Richtung Aachen Nord, Hochneukirch und Stolberg der Personenverkehr endete.

Auch der Braunkohlentagebau zwischen Düren und Köln hat die Eisenbahnlandschaft verändert. Die ehemalige Nebenbahn von Düren nach Neuss war dem fortschreitenden Braunkohleabbau im Weg, wurde zwischen Düren und Bedburg 1995 stillgelegt und kurze Zeit später abgebaut. Aus der Luft ist zu erkennen, wie der Tagebau die aufgelassene Trasse durchschneidet, die nördlich und südlich noch deutlich in der Landschaft auszumachen ist.

Andererseits gibt es am Niederrhein auch gegenläufige Entwicklungen zu beobachten. Vor Kurzem erst wurde die 1980 stillgelegte Stichbahn von Lindern nach Heinsberg elektrifiziert und in den Regionalbahnverkehr in Richtung Aachen und Mönchengladbach integriert. Auch im Bereich der sogenannten Talbahn, einer parallel zur Hauptstrecke Köln–Aachen verlaufenden Nebenbahn, gab es und wird es Reaktivierungen geben. Hier ist mit dem Streckenabschnitt Weisweiler–Langerwehe eine der wenigen Neubaustrecken abseits von Hauptbahnen zu finden. In Langerwehe wurde sogar ein Tunnelprojekt realisiert, ein für Nebenbahnneubauten sicherlich ungewöhnlicher Vorgang. Ein zweites Beispiel wird im Kapitel „Bergisches Land" anzusprechen sein. Im Flügelzugprinzip der Talbahn verkehren Regionalbahnen von Langerwehe und Stolberg aus über Aachen nach Heerlen und Alsdorf. In Zukunft soll die Strecke über Alsdorf hinaus reaktiviert werden, sodass östlich von Stolberg die Hauptbahn Köln–Aachen wieder erreicht wird. Zudem ist der früher arg gestutzte Knoten Jülich erneut Durchgangsbahnhof, denn inzwischen wurde ein Teil der früher nach Baal führenden Nebenbahn bis Linnich wieder im Personenverkehr eröffnet. Eine Reaktivierung des Streckenabschnitts bis Baal an der Hauptbahn Mönchengladbach–Aachen und darüber hinaus bis Ratheim ist ebenfalls im Gespräch.

In der Gegenrichtung unterwegs ist 139 554 mit einem Güterzug aus Belgien am 16. April 2009. ▸

Bei Eilendorf im Aachener Osten führt die Hauptstrecke Köln–Aachen durch mehrere kurze Tunnel. Am 2. April 2011 ist 145 027 mit einem Güterzug auf dem Weg von Köln nach Aachen.

Am 6. Mai 1995 läuft 110 455 mit einem Nahverkehrszug von Mönchengladbach nach Aachen in den Bahnhof von Rheydt ein, der den Zusatz „Hauptbahnhof" trägt. ▸

Bei Steuerwagenmangel kamen vor den Regionalexpresszügen zwischen Aachen und Köln zwei Maschinen der Reihe 111 zum Einsatz. Bei Hücheln führt 111 079 den Fünf-Wagen-Zug in Richtung Köln, während eine unbekannte Schwestermaschine hinten aushilft.

Von einer kleinen Brücke bei Pelm, kurz vor Gerolstein, lässt sich der Nahverkehrszug Köln–Gerolstein am 2. April 2004 unterhalb der Kasselburg gut in Szene setzen. ▸

H
DB
110 455-3

Kurz vor dem ehemaligen Dampflok-Bw Aachen-West überquert ein elektrischer Triebwagen der Reihe 425 auf der Strecke Mönchengladbach–Aachen am 4. August 2009 den dortigen Steinbogenviadukt.

Neben den Loks der Reihe 212 wurden auch noch Speichertriebwagen der Reihe 515 (ehemalige Reihe ETA 150) eingesetzt, wie hier in Huchem-Stammeln am 16. Mai 1989.

◂ 1989 waren auf den Nebenstrecken im Raum Düren noch zahlreiche Diesselloks der Reihe 212 im Einsatz. Am 16. Mai 1989 passiert der Nahverkehrszug von Jülich auf der Fahrt nach Düren das Einfahrvorsignal des ehemaligen Bahnknotens Jülich.

Den seltenen Fall des Neubaus einer Nebenbahn gibt es zwischen Weisweiler und Langerwehe. Im Jahr 2009 wurde dieser Streckenabschnitt der Talbahn eingeweiht. Am 2. April 2011 passiert ein „Talent“ der Euregiobahn das Braunkohlekraftwerk in Weisweiler.

Alte Sicherungstechnik mit Telegrafenstangen und Formsignalen gibt es am 20. Februar 1993 auf der Strecke Neuss–Grevenbroich–Düren. Der Wendezug mit seiner Lok der Reihe 212 läuft an diesem Tag in den Bahnhof von Kapellen-Wevelinghoven ein.

◀ Ebenfalls auf der Talbahn Stolberg–Weisweiler–Langerwehe bei Hücheln unterwegs ist der „Talent“ der Euregiobahn am 20. November 2010.

Wn

◂ In der Gegenrichtung trägt 212 101 am 19. Juli 1988 noch die Mitte der 1970er-Jahre eingeführte ozeanblau-beige Lackierung.

In Gustorf gibt es heute keine Eisenbahn mehr, denn die Strecke Neuss–Düren wurde zwischen Bedburg und Düren stillgelegt und abgebaut, weil sie einem großen Braunkohletagebau im Weg war. Die Züge verkehren heute in Richtung Horrem (19. Juli 1988).

◂ Bei Frimmersdorf im Rheinischen Braunkohlerevier führt die Strecke Neuss–Düren parallel zum Flüsschen Erft. Aufgenommen am 19. Juli 1988.

Zwischen Bedburg und Horrem begegnet uns am 5. Juni 1990 bei Glesch der Nahverkehrszug mit einer Lok der Reihe 212.

Auf der Strecke (Mönchengladbach–) Rheydt–Dalheim gab es früher grenzüberschreitenden Güterverkehr in die Niederlande. Bemühungen, die Strecke westlich von Dalheim zu reaktivieren, sind bislang am Widerstand der Bevölkerung gescheitert. Der Akkutriebwagen der Reihe 515 ist am 9. März 1991 auf dem Weg nach Dalheim.

Am 19. Juli 1988 hat der zweiteilige Speichertriebwagen der Reihe 515 von Mönchengladbach Hbf seinen Zielbahnhof Dalheim erreicht. Die Bahnanlagen zeugen von der einst größeren Bedeutung des Bahnhofs, konnte man doch von hier aus auch nach Baal und in die Niederlande fahren.

Nach dem Ausscheiden der Akkutriebwagen wurden 1.300 PS eingesetzt, um den einzigen Personenwagen zwischen Mönchengladbach und Dalheim zu befördern (Wegberg, 22. August 1992).

Die 1980 im Personenverkehr stillgelegte Stichbahn von Lindern nach Heinsberg wurde in den letzten Jahren wiederhergerichtet, elektrifiziert und in ein Flügelzugkonzept der Hauptstrecke Mönchengladbach–Aachen eingebunden. Trotz des trüben Wetters am 6. September 2014 ermöglicht das Hochstativ einen weiten Blick über die flache niederrheinische Landschaft bei Randerath.

Nur ein kurzes Streckenstück ist übrig geblieben von der ehemaligen Geilenkirchener Kreisbahn. Zwischen Gillrath und Schierwaldenrath verkehrt an ausgewählten Tagen heute die Selfkantbahn als einzige erhaltene Meterspurbahn Nordrhein-Westfalens. Am 1. Dezember 2013 hat die zweiachsige Lok „Schwarzach" den Endpunkt der Strecke in Gillrath fast erreicht.

WEEZE
DB
218 149-3

104a
DB
218 149-3

◂ Ein Sprung nach Norden führt uns an die Strecke Krefeld–Kleve, auf der früher Züge bis nach Nijmegen in den Niederlanden fuhren. Am 17. Juli 1987 verlässt 218 149 mit ihrem Personenzug nach Krefeld den Bahnhof von Weeze zwischen Goch und Kevelaer.

Auf der anderen früher nach Kleve führenden Strecke, die in Duisburg beginnt, ist 215 026 mit einem Personenzug am 17. Juli 1987 von Kleve nach Duisburg bei Birten unterwegs.

◂ Etwas nördlich von Goch liegt der Ort Pfalzdorf. Den dortigen Schrankenposten passiert am 17. Juli 1987 dieselbe Lok, diesmal auf dem Weg nach Kleve.

DB
215 019-1
A

MARI
DB
215 025-8

◂ Kalkar, zwischen Xanten und Kleve gelegen, besitzt heute keinen Bahnanschluss mehr, denn die Strecke Duisburg–Xanten wurde nördlich von Xanten stillgelegt. Am 17. Juli 1987 rollt 215 019 auf dem Weg nach Duisburg am südlichen Ausfahrsignal des Bahnhofs Kalkar vorbei.

Die Hauptstrecke Oberhausen–Emmerich ist eine wichtige Verkehrsader im Fernverkehr mit den Niederlanden. Am 28. Juni 2016 ist ein ICE 3 der Reihe 403 bei Sterkrade als ICE 123 von Amsterdam nach Frankfurt unterwegs.

◂ Auch Marienbaum kurz vor Kleve ist heute vom Schienenpersonenverkehr abgeschnitten. Am 17. Juli 1987 zeigt das Ausfahrsignal des Bahnhofs aber noch HP 1 für die Ausfahrt in Richtung Kleve.

DB
146 270

DB
110 167-4
52
0
P

◂ Der Nah- und Bezirksverkehr auf der Hauptstrecke Emmerich–Oberhausen wird von der DB AG durchgeführt. RE 5 verbindet mit Doppelstockgarnituren Emmerich mit Koblenz Hbf (Dinslaken, 28. Juni 2016).

Auch der Flughafenbahnhof von Düsseldorf liegt an der Hauptstrecke Düsseldorf–Duisburg. Am 16. September 2007 hat 101 041 Schweizer Schnellzugwagen am Haken und wird in Kürze Düsseldorf Hbf erreichen.

◂ Bei Angermund zwischen Düsseldorf und Duisburg dienen die beiden linken Gleise dem überregionalen Verkehr, während auf den rechten Gleisen der Nahverkehr rollt. Am 7. April 1999 waren hier 110 147 und 110 167 im Einsatz.

189 038-3

DB
151 102-1
49
2

◂ Am 3. Oktober 2013 sind bei Leverkusen zwei Güterzugmaschinen der Reihe 189 nötig, um den Güterzug auf der Strecke Wedau–Gremberg in Richtung Köln zu befördern.

Die Strecke Neuss–Kaarst führte bis 1968 über Kaarst hinaus bis Viersen. Am 24. Mai 1988 ist ein Speichertriebwagen der Reihe 515 am Nordkanal in Neuss-Stadtwald unterwegs. Heute ist die Strecke betrieblich verbunden mit der Linie Mettmann–Düsseldorf.

◂ Vor einem Güterzug in Richtung Köln sind bei Opladen 151 102 und eine Schwestermaschine am 3. Oktober 2013 auf derselben Strecke unterwegs.

515 567-6

ICE

◂ Am 24. Mai 1988 war Kaarst Endpunkt der ehemaligen Strecke Neuss–Viersen. Heute fahren die Triebwagen wieder über Kaarst hinaus bis Kaarster See. Eine Reaktivierung der Reststrecke ist im Gespräch.

Einige Züge des französischen Hochgeschwindigkeitszuges „Thalys" erreichen seit März 2016 auch die Westfalenmetropole Dortmund. Am 21. Mai 2016 befindet sich eine Zuggarnitur bei Leverkusen-Rheindorf auf dem Weg vom Ruhrgebiet nach Paris.

◂ Blick auf die teilweise viergleisige Hauptstrecke Köln–Düsseldorf und den in Richtung Köln rollenden ICE 123 nach Frankfurt. Die Aufnahme entstand am 21. Mai 2016 in Langenfeld.

DB
25
8

Rof
DB

◂ Bei Allrath zwischen Grevenbroich und Rommerskirchen bedient 425 605 am 16. September 2007 den Nahverkehr.

Bei Düsseldorf-Hamm überquert die Hauptstrecke Düsseldorf–Mönchengladbach auf dieser viergleisigen Brücke den Rhein. Sie entstand als Ersatz für die alte Hammer Rheinbrücke (Düsseldorf, 15. Februar 2015).

◂ Eine zweiteilige Garnitur Elektrotriebwagen der Reihe 424 verlässt am 16. September 2007 den Bahnhof von Rommerskirchen an der Hauptstrecke von Mönchengladbach nach Köln.

Ausschließlich dem Güterverkehr dient die zweigleisige grenzüberschreitende Strecke von Aachen-West nach Tongeren (Belgien). Auf dieser Aufnahme vom 2. April 2011 ist im Hintergrund der Gemmenicher Tunnel zu sehen, in dem sich die Landesgrenze zwischen Deutschland und Belgien befindet. ▸

Die Hauptstrecke Düsseldorf–Mönchengladbach ist zwischen Düsseldorf und Neuss viergleisig, wobei die beiden rechten Gleise dem S-Bahn-Verkehr, die linken dem übrigen Bahnverkehr dienen. Am 2. Juli 2016 ist 111 113 vor dem RE 4 Dortmund–Aachen bei Düsseldorf-Hamm unterwegs.

Zwischen dem Rangierbahnhof Montzen (Belgien) und dem Gemmenicher Tunnel gab es bis 2008 keine Fahrleitung, sodass in Montzen auf Dieselloks umgespannt werden musste. Als Lok B 01 der Rurtalbahn am 2. April 2011 die Steigung zum Gemmenicher Tunnel bewältigt, war Dieseltraktion eigentlich nicht mehr nötig. ▸

2843

4
2

Wenn man den weiteren Verlauf der Strecke in Belgien verfolgt, gelangt man kurz vor Montzen zum bekannten Göhltalviadukt (Viadukt von Moresnet). Am 2. Oktober 2008 sind die Arbeiten an der Fahrleitung im Gange, den Zug muss aber noch eine DB-Lok der Reihe 232 nach Aachen schleppen.

Das Bergische Land

Dieser neben dem Sauerland nördlichste Teil des Rheinischen Schiefergebirges hat seinen Namen nicht etwa der Topografie zu verdanken, sondern dem einstigen Herzogtum Berg. Die Region, die man heute als „Bergisches Land“ bezeichnet, wird im Norden von der Ruhr, im Osten vom Sauerland, im Süden von der Sieg und im Westen vom Rhein begrenzt. Während die Grenzen im Süden, Westen und Norden auch durch die Topografie augenfällig werden, ist die Grenze zum westfälischen Sauerland eine rein historische, denn Sauerland und Bergisches Land gehören sowohl topografisch als auch geologisch zum Rheinischen Schiefergebirge, sodass dem Reisenden ein Wechsel von der einen in die andere Region nicht weiter auffällt.

Wichtigste Bahnstrecke des Bergischen Landes ist die Hauptstrecke von Hagen nach Wuppertal, die sich bei Gruiten in die Streckenäste nach Düsseldorf und Köln verzweigt. Gebaut wurde die Strecke vom damaligen Elberfeld nach Düsseldorf in den Jahren 1837 bis 1841 von der Düsseldorf-Elberfelder Eisenbahn-Gesellschaft. Zwischen Elberfeld und Hagen (–Dortmund) nahm hingegen die Bergisch-Märkische Eisenbahn (BME) den Bahnverkehr in mehreren Etappen zwischen 1847 und 1849 auf. In Richtung Köln baute ebenfalls die BME, hier wurden die Teilstrecken in den Jahren 1867 bis 1872 fertiggestellt.

Eine eisenbahntechnische Besonderheit gab es bis zum 10. August 1926 auf dem Streckenabschnitt zwischen Erkrath und Hochdahl im Verlauf der Hauptbahn Düsseldorf–Wuppertal: Wegen der auf einer Streckenlänge von 2,5 Kilometern zu bewältigenden Steigung von 82 Metern zwischen der Rheinebene und dem Bergischen Land wurden die Züge mit einem Seil von einer auf einem dritten Gleis bergab fahrenden Lokomotive den Berg hinaufgezogen, wobei das Seil in Hochdahl über drei Umlenkrollen geführt wurde. Nach 1926 wurde dann bis zur Elektrifizierung mit Schublokomotiven nachgeschoben.

Eine andere bedeutende Hauptbahn des Bergischen Landes ist heute nur noch in Teilen vorhanden: die von der damaligen Rheinischen Eisenbahn-Gesellschaft gebaute Strecke von Dortmund ebenfalls über das heutige Wuppertal nach Düsseldorf. Der östliche Teil zwischen Hagen und Schwelm ist inzwischen Bestandteil des S-Bahn-Netzes Rhein-Ruhr, während auf dem westlichen Abschnitt zwischen Mettmann und Düsseldorf Dieseltriebwagen der Regio-Bahn ebenfalls im S-Bahn-Verkehr rollen. Nach Stilllegung des Abschnitts Wuppertal-Wichlinghausen–Mettmann wurde das restliche Streckenstück über die elektrifizierte Hauptbahn Düsseldorf–Neuss mit der Nebenbahn von Neuss nach Kaarst zu einer neuen S-Bahn-Strecke zusammengelegt, die danach einen nicht für möglich gehaltenen Fahrgastzuwachs erfuhr. Der Erfolg dieses Projektes führte auf dem westlichen Teil zu einer Streckenverlängerung von Kaarst bis zum Kaarster See. Am östlichen Ende wird zurzeit sogar eine 2,1 Kilometer lange Neubaustrecke gebaut, die unter Benutzung weiterer vorhandener Schieneninfrastruktur die Durchbindung der Züge über Wuppertal-Vohwinkel bis nach Wuppertal Hbf ermöglicht. Der Rest der ehemaligen „Rheinischen Strecke“ ist stillgelegt und abgebaut, im Stadtgebiet Wuppertal hat man auf der sogenannten Nordbahntrasse einen Radweg angelegt.

Stilllegungen betrafen ansonsten vor allem den ländlichen Raum. Sowohl die Gebiete östlich als auch nördlich der Hauptstrecke Köln–Wuppertal haben fast den gesamten Schienenverkehr verloren. Auch früher bedeutendere Bahnen wie die von Wuppertal über Wipperfürth nach Marienheide, auf der lange Jahre auch Eilzüge über Gummersbach und Dieringhausen bis nach Waldbröl verkehrten, sind heute stillgelegt und abgebaut, ebenso wie die Gleise des „Balkan-Expresses" Wuppertal–Opladen zwischen Remscheid-Lennep und Opladen. 22,8 Kilometer dieser während der Zeit des Kalten Krieges als strategische Ausweichstrecke zur Hauptbahn Wuppertal–Köln vorgehaltenen Trasse wurden in einen Radweg umgewandelt. In diesem Oberbergischen Raum existieren lediglich noch die Strecken Wuppertal–Remscheid–Solingen-Ohligs (zweigleisig), die S-Bahn-Strecke von Köln nach Bergisch Gladbach als Rest der früheren Strecke nach Rösrath und die Aggertalbahn, die seit Mitte der 1980er-Jahre nördlich von Gummersbach zunächst keinen Personenverkehr mehr aufwies, 2003 wieder bis Marienheide und 2014 bis ins sauerländische Meinerzhagen verlängert wurde. Ende 2017 sollen die Züge auf dieser Strecke bis Lüdenscheid im Sauerland durchgebunden werden. Hier werden dann stündliche Direktverbindungen vom Sauerland in die Domstadt angeboten.

Reaktivierungsbemühungen gibt es auch südlich der Aggerbahn, wo die Nebenbahn durch das Wiehltal zurzeit nur Museumsbahnverkehr aufweist. Ein kürzlich vorgelegtes Gutachten, das die Rentabilität der Strecke in Zweifel zieht, wird wohl eine kurz- oder mittelfristige Reaktivierung verhindern. Auch zwischen der Hauptbahn Hagen–Köln und dem Ruhrtal, im Niederbergischen, sind viele Gleise verschwunden, selbst die zweigleisige Verbindung von Witten nach Schwelm unter Umgehung des Bahnknotens Hagen ist größtenteils nicht mehr vorhanden. Diese Strecke sollte einst zu einer Direktverbindung Ruhrgebiet–Köln über Lennep ausgebaut werden und ging in zwei Etappen zwischen 1926 und 1934 in Betrieb. 1979 endete der Personenverkehr zwischen Witten-Höhe und Gevelsberg, vier Jahre später erfolgte die Stilllegung. Der südliche Teil dieser Strecke wird heute von den S-Bahnen Dortmund–Hagen–Mönchengladbach genutzt, während ein kurzer Streckenabschnitt bei Witten dem Güterverkehr dient.

Der Personenverkehr beschränkt sich im Niederbergischen noch auf zwei S-Bahn-Linien, die von Düsseldorf über Kettwig nach Essen und von Wuppertal über Langenberg nach Essen führen. Diese Strecke war die erste Eisenbahn, die die Täler von Wupper und Ruhr verband. Nach einem Besuch des preußischen Prinzen Friedrich Wilhelm Karl wurde die zunächst als Pferdebahn für den Kohletransport genutzte Strecke „Prinz-Wilhelm-Bahn" genannt. Am Rande des Bergischen Landes, aber noch rechtsrheinisch zwischen Rhein und Rheinischem Schiefergebirge, verlaufen parallel zum Rhein darüber hinaus noch die elektrifizierten Hauptbahnen von Düsseldorf nach Duisburg (ehemalige Cöln-Mindener Eisenbahn) und die ebenfalls elektrifizierte Strecke der ehemaligen Rheinischen Eisenbahngesellschaft von Troisdorf nach Mülheim-Speldorf. Obwohl diese Linie bis auf ein kurzes Reststück im Stadtgebiet von Duisburg heute ausschließlich Güterverkehr aufweist, hat sie enorme Bedeutung für den Güterverkehr zwischen Köln, dem Ruhrgebiet und den Niederlanden. Ebenfalls nur dem Güterverkehr, aber mit erheblichem Verkehrsaufkommen, dient die 1903 eröffnete sogenannte Angertalbahn, die ursprünglich bis nach Wülfrath führte und nach Änderung der Linienführung im Raum Ratingen nun in Tiefenbroich von der Rheinischen Güterbahn abzweigt. Ihre heutige Existenz als Güterbahn mit etwa zwölf Zugpaaren täglich verdankt sie dem Abtransport von Kalk aus Steinbrüchen bei Rohdenhaus. Von dort bis Wülfrath wurden die Gleise inzwischen abgebaut.

Die Nahverkehrszüge wurden von Wuppertal über Lennep, Remscheid und Solingen nach Solingen-Ohligs von dreiteiligen Wendezügen befahren, hier bei der Einfahrt in den Bahnhof Wuppertal-Ronsdorf am 9. Juli 1990.

Der imposanteste Kunstbau im Bahnnetz des Rheinlandes ist die 107 Meter hohe Müngstener Brücke. Die zweigleisige Strecke von Remscheid nach Solingen überquert hier den Fluss Wupper. Am 16. März 2015 ist das Unternehmen Abellio mit einem Triebwagen der Reihe 648 auf der Strecke unterwegs.

Eine zweiteilige Triebwageneinheit hat auf der Strecke Wuppertal-Wichlinghausen–Düsseldorf am 26. März 1991 den Bahnhof Wuppertal-Varresbeck mit seinem bemerkenswerten Stellwerksgebäude erreicht. ▶

Auf einem Teil der Rheinischen Strecke von Dortmund nach Düsseldorf wurde 1987 noch Schienenpersonenverkehr zwischen Wuppertal-Wichlinghausen und Düsseldorf angeboten. Der Speichertriebwagen der Reihe 515 ist am 26. September 1987 bei Erkrath-Nord auf dem Weg nach Wuppertal.

In Wuppertal-Ottenbruch befindet sich heute ein Radweg, die Züge aus Richtung Düsseldorf enden in Mettmann. Am 26. März 1991 konnte man auf der Wuppertaler Nordbahn (ehem. Rheinische Strecke) noch mit dem Akkutriebwagen bis Wuppertal-Wichlinghausen fahren. ▶

24
8

515 525-4

◂ Die Stichstrecke Opladen–Hilgen ist das verbliebene Reststück der Strecke Bergisch Born–Opladen, im Volksmund auch „Balkan-Express" genannt. Am nebligen 15. Oktober 1984 hat ein Akkutriebwagen der Reihe 515 auf dem Weg nach Hilgen Aufenthalt im Bahnhof Burscheid.

Vor der Elektrifizierung der Strecke Wuppertal–Essen waren die damals üblichen Wendezuggarnituren mit „Silberlingen" und Lokomotiven der Reihe 212 im Einsatz (Langenberg, 17. Juni 1986).

◂ Bei Kuckenberg wird die Strecke auf einem hohen Damm geführt (11. April 1994). Heute fährt hier kein Zug mehr.

◂ Nach Einführung des elektrischen Zugbetriebs und Einbeziehung der Strecke in das S-Bahn-Netz des Verkehrsverbundes Rhein-Ruhr wurden lange Zeit Elektrotriebwagen der Reihe 420 zwischen Essen und Wuppertal eingesetzt (Essen-Kupferdreh, 7. Februar 2005).

In der Nähe der Station Wuppertal-Zoo kreuzt die Hauptstrecke Hagen–Köln/Düsseldorf die bekannte Schwebebahnstrecke. Im S-Bahn-Verkehr ist auf der Linie S 8 am 17. April 2010 ein Triebwagen der Reihe 422 auf dem Weg nach Mönchengladbach Hbf.

◂ Von Köln kommend, durchfährt auf den Fernverkehrsgleisen der Wuppertaler Stadtbahn eine Doppelgarnitur des ICE 3 (Baureihe 403) am 11. September 2010 den S-Bahn-Haltepunkt Wuppertal-Sonnborn.

◂ Am 6. April 1997 verkehren auf der S 8 Hagen–Mönchengladbach noch Loks der Reihe 143 mit dem für den Rhein-Ruhr-Raum typischen Anstrich und einer Garnitur x-Wagen. Der Zug hat nach Passieren der Steilrampe Erkrath-Hochdahl bereits die Rheinebene erreicht. Die Aufnahme entstand in Düsseldorf-Gerresheim.

Die zweigleisige Strecke von Düsseldorf über Kettwig nach Essen Hbf wird heute von der Linie S 6 (Köln-Worringen–Essen Hbf) bedient. 143 577 ist am 4. August 2009 mit ihrem Wendezug aus sogenannten x-Wagen in Ratingen-Ost auf dem Weg nach Essen.

◂ In Gruiten verzweigt sich die Hauptstrecke von Hagen nach Köln (links) und Düsseldorf (rechts). Am 16. September 2007 wird die ehemalige Schnellzuglok der Reihe 110 mit ihrem Nahverkehrszug bald die Fahrt nach Köln fortsetzen.

Wt-Burgholz
WUPPERTAL-BURGHOLZ

◂ Wuppertal-Cronenberg ist im Jahr 1985 Endpunkt des „Samba-Expresses", der Strecke Wuppertal–Wuppertal-Cronenberg. Die auf die südlichen Wuppertaler Höhen führende Stichbahn wurde aus fadenscheinigen Gründen im Jahr 1988 stillgelegt (Wuppertal-Cronenberg, 23. Dezember 1985).

In Marienheide treffen 1984 die Strecken von Remscheid-Lennep (links) und Brügge/Westf. (rechts) zusammen. Der Nahverkehrszug mit einer Wuppertaler 211 und einem Zug aus Umbauwagen kommt am 27. Januar 1984 von Lennep und wird auf der Aggerstrecke vermutlich bis Dieringhausen weiterlaufen.

◂ Der kleine Haltepunkt Wuppertal-Burgholz liegt in einem Naherholungsgebiet, das von Wuppertalern auch gern mit der Bahn aufgesucht wurde, wie hier am 23. Dezember 1985.

Wipperfürth an der Strecke Marienheide–Remscheid-Lennep war bis 1960 ein Abzweigbahnhof für die Nebenbahn Anschlag–Wipperfürth. 1984 ist nicht nur die abzweigende Nebenbahn Geschichte, auch die Tage des Bahnhofs Wipperfürth sind gezählt. Am 7. April 1984 gibt es in Wipperfürth aber noch Güterverkehr, der Nahgüterzug verlässt den Bahnhof in Richtung Lennep.

In Bergisch Born verzweigt sich die Strecke von Remscheid-Lennep in die Äste nach Opladen und Marienheide. Am 7. Januar 1985 ist die Strecke nach Opladen schon teilweise stillgelegt, der Nahverkehrszug fährt nach Marienheide.

Seit 2015 sind die letzten Formsignale auf der Aggertalbahn Köln–Dieringhausen (–Meinerzhagen) verschwunden. Auch die Triebwagen der Reihe 644 wurden inzwischen von solchen der Reihen 620 und 622 abgelöst. Am 18. Juni 2005 gibt der Fahrdienstleiter von Engelskirchen dem Triebfahrzeugführer der Regionalbahn nach Gummersbach noch per Flügelsignal das Signal HP 2 zur Einfahrt in den Bahnhof.

Marienheide
215 119-9

BILSTEIN

◂ Gut zwei Jahre vor der Stilllegung eines Teils der Volme-Agger-Bahn verlässt 215 119 (Bw Köln-Nippes) mit ihrem Nahverkehrszug den Bahnhof von Marienheide in Richtung Brügge/Westf. Am Hausbahnsteig wartet der Anschlusszug nach Remscheid-Lennep auf Ausfahrt.

Trotz Elektrifizierung werden im Nahverkehr der Siegtalstrecke auch Dieseltriebwagen der Reihen 640 und 648 eingesetzt. Am 4. Juni 2011 überquert der zweiteilige 648 die Siegbrücke bei Fürthen.

◂ Um den Nahverkehr attraktiver zu gestalten, verkehrten diese Zuggarnituren im Aggertal ab 1984 für einige Jahre als City-Bahn. Dafür wurden Hagener Loks der Reihe 218 farblich entsprechend angepasst und die eingesetzten n-Wagen modernisiert. Bei Gewitterstimmung hat der Nahverkehrszug der Zuggattung CB am 8. Juni 1986 in der Nähe von Vilkerath in Kürze den nächsten Halt Overath erreicht.

Der Museumszug auf der Wiehltalbahn fährt unter der Bezeichnung „Bergischer Löwe“ und wird von der dreiachsigen Lok „Waldbröl“ (Jung, 1914) gezogen. Die Aufnahme entstand am 26. April 2015 bei Bielstein. ▸

Von Burg Blankenstein aus fällt der Blick auf die unterhalb gelegene Eisenbahnbrücke über die Sieg. Die Lok der Reihe 120 ist am 17. März 2012 mit dem Regionalexpress auf dem Weg von Aachen nach Siegen.

Am 20. September 2015 ist die Lok „Waldbröl“ mit ihrem Museumszug im Wiehltal bei Wiehl unterwegs. Der Bahnübergang ist ungesichert und muss mit entsprechend reduzierter Geschwindigkeit passiert werden. ▸

Schon lange gibt es keinen Personenverkehr mehr im Angertal, dafür besitzt der Güterverkehr zu den Kalkwerken bei Wülfrath große Bedeutung. Vor dem Stellwerk in Flandersbach wartet am 2. September 1987 eine der damals nur noch im Güterverkehr eingesetzten Loks der Reihe 221 auf die Weiterfahrt.

HP 2 für die Ausfahrt in Richtung Wülfrath zeigt das Signal für die Oberhausener 216 103 am 2. September 1987 in Hofermühle.

Voreifel und Eifel

Ebenso wie das Bergische Land ist auch die Eifel Teil des Rheinischen Schiefergebirges, weist aber im Gegensatz zum östlich des Rheins gelegenen Bergland Reste vulkanischer Aktivitäten auf. Die Eifel wird im Norden von der Köln-Aachener Bucht und der Voreifel, im Osten vom Rhein, im Süden von der Mosel und im Westen von den belgischen Ardennen begrenzt. Bedingt durch die Randlage innerhalb Deutschlands, das Klima und die Topografie war die Eifel immer dünn besiedelt und auch wirtschaftlich benachteiligt. Erst die politischen Verhältnisse nach dem deutsch-französischen Krieg und der nachfolgende Bau von militärisch-strategischen Zwecken dienenden Eisenbahnen, die den schnellen Aufmarsch gegen den „Erzfeind" erleichtern sollten, förderten zugleich auch den Fremdenverkehr in der Region, der heute noch, allerdings überwiegend in Form des Autotourismus, ein bedeutender Wirtschaftsfaktor ist. Deshalb ist die Eifel heute eine der eisenbahnärmsten Regionen Deutschlands. Einzige durchgehende Hauptbahn ist die ehemalige D-Zug-Strecke Köln–Gerolstein–Trier, die zwar durchgängige Zugverbindungen aufweist, aber nur von Regionalexpresszügen befahren wird und teilweise auch nur eingleisig trassiert ist. Während die Bergregion nach dem Zweiten Weltkrieg ein dichtes Nebenbahnnetz durchzog, gibt es heute westlich der Eifelstrecke keine einzige Nebenbahn mit Personenverkehr mehr. Selbst ein ehemaliger ländlicher Bahnknoten wie Pronsfeld, von wo aus man in vier verschiedene Richtungen reisen konnte, hat jeglichen Bahnverkehr verloren, ebenso wie der an der grenzüberschreitenden Vennbahn gelegene Ort Monschau. Auf der Trasse der Vennbahn ist inzwischen ein weit über 100 Kilometer langer Radweg entstanden, auf dem man von Aachen aus bis nach Luxemburg fahren kann.

Einige wenige Stichstrecken führen noch aus der Eifel heraus. Im Norden fährt die Rurtalbahn GmbH von Heimbach nach Düren, während die Deutsche Bahn Bad Münstereifel mit Euskirchen an der Eifelstrecke verbindet. Diese Züge werden über die Strecke Euskirchen–Bonn bis in die ehemalige Bundeshauptstadt geführt. Darüber hinaus gibt es planmäßigen Schienenpersonenverkehr in der Eifel nur noch auf zwei Nebenbahnen. Im Ahrtal fahren seit einigen Jahren die Züge von Remagen aus wieder bis Ahrbrück kurz hinter Kreuzberg, nachdem 1985 die obere Ahrtalbahn zwischen Kreuzberg und Adenau ihren Personenverkehr verloren hatte. Allerdings wurde im Ahrtal das zweite Streckengleis inzwischen teilweise abgebaut und in einen Radweg umgewandelt. Eine weitere Nebenbahn ist der Rest der ehemaligen Eifelquerbahn von Andernach nach Gerolstein an der Eifelstrecke, die 1991 westlich von Mayen ihren Personenverkehr verlor, seit einigen Jahren aber wieder bis Kaisersesch befahren wird. Der bis vor Kurzem auf dem nicht mehr befahrenen Streckenstück durchgeführte Tourismusverkehr ist inzwischen eingestellt worden. Touristischen Personenverkehr gibt es heute noch auf der Oleftalbahn Kall–Hellenthal in der Westeifel und im Brohltal, einem Seitental des Rheins, wo auf der noch im Güterverkehr befahrenen Meterspurstrecke der „Vulkanexpress" auch Fahrten mit einer Dampflokomotive anbietet. Reaktivierungsbemühungen gibt es nur in der Voreifel, der flachen, der Eifel nördlich vorgelagerten Landschaft. Die sogenannte Bördebahn von Düren nach Euskirchen, auf der bereits regelmäßig an Wochenenden Triebwagen der Rurtalbahn als „Bördeexpress" verkehren, wird vom 11. Dezember 2016 bis zum 8. Dezember 2018 zunächst für zwei Jahre wieder regelmäßigen Schienenpersonenverkehr aufweisen. Was danach wird, entscheidet vermutlich die Nachfrage im genannten Zeitraum.

215 118-1
9
F
30
4

◂ Am 2. April 1986 sind zwischen Bonn und Euskirchen Wendezüge mit Kölner Loks der Reihe 215 im Einsatz, wie hier bei Odendorf.

Auf dem Weg von Euskirchen nach Bonn begegnen uns am 7. März 2011 am Einfahrvorsignal von Odendorf zwei Triebwagen der Reihe 644. Inzwischen sind diese Fahrzeuge in Süddeutschland im Einsatz.

◂ In der Gegenrichtung ist am selben Tag eine weitere 215 bei Kuchenheim unterwegs.

Euskirchen
Zülpich
Sparkasse
Gut für die Region.

Euskirchen
Zülpich

◂ An Wochenenden und Feiertagen gibt es auf der Eifel-Bördebahn von Düren nach Euskirchen wieder Schienenpersonenverkehr. Am 6. Juli 2014 passiert ein Regiosprinter der Rurtalbahn bei Nemmenich einen Bahnübergang, dessen Schranke bei der Durchfahrt geöffnet ist!

1987 ist die Stichstrecke Düren–Heimbach noch fest in der Hand der DB, die sowohl Wendezüge als auch Speichertriebwagen einsetzt (Nideggen, 7. Januar 1987).

◂ Am Bahnsteig in Nemmenich hält am 6. Juli 2015 ein Regiosprinter der Rurtalbahn, um kurz darauf die Fahrt in Richtung Zülpich/Euskirchen fortzusetzen.

Telegrafenstangen begleiten am 17. Juli 1990 noch die Nebenbahn Düren–Heimbach, auf der ein Nahverkehrszug bei Hausen in Richtung Heimbach unterwegs ist.

Wenig Energie wird die Speicherwagengarnitur auf ihrer Fahrt von Heimbach nach Düren verbrauchen, denn es geht aus der Eifel hinab durch das Tal der Rur (Blens, 7. Januar 1987).

Bad Münstereifel ist Endstation der Stichstrecke von Euskirchen in den Eifelort. 215 113 vom Bw Köln-Nippes wartet dort am 17. Juli 1990 mit ihrem Nahverkehrszug auf Ausfahrt in Richtung Euskirchen.

212 068-1
BÜ
2

◂ Nahverkehrszüge mit stilreinen Umbauwagengarnituren waren in den 1980er-Jahren im Rheinland noch häufig anzutreffen. 212 068 ist am 2. April 1986 bei Arloff mit vier Wagen dieses Typs auf der Strecke Euskirchen–Bad Münstereifel unterwegs.

Zwischen Kreuzberg/Ahr und Adenau endete der Personenverkehr am 1. Juni 1986. Der Abschiedszug ist an diesem Tag bei Hönningen/Ahr unterwegs.

◂ In der Gegenrichtung passiert der Zug am 2. April 1986 einen Bahnübergang bei Kirspenich.

◂ Erinnerungen an die „alte“ DB: Ensemble aus Telegrafenleitungen, Nahverkehrszug und Formvorsignal bei Bad Bodendorf im Ahrtal am 6. April 1986.

In reizvollem Kontrast zu den modernen Fahrzeugen auf der Ahrtalbahn steht die fast überall noch vorhandene alte Sicherungstechnik (Dernau, 18. August 2012).

◂ Von den Ahrhöhen aus fällt der Blick auf den Bahnhof von Altenahr, den der Nahverkehrszug am 11. Mai 1986 gleich in Richtung Kreuzberg verlässt.

212 118-4

◂ Im Jahr 2012 verkehren im Ahrtal Triebwagen der Reihen 643 und 644. Bei Mayschoß begegnen wir am 19. August 2012 einem dieselmechanischen Triebwagenpaar der Reihe 643. Die Schwesterbaureihe besitzt einen dieselelektrischen Antrieb.

Die Eifelquerbahn von Andernach nach Gerolstein, die zurzeit nur zwischen Andernach und Kaisersesch im Personenverkehr befahren wird, unterquert in Monreal in einem Tunnel den Burgberg der gleichnamigen Ruine. Am 14. August 2014 ist dort der zweimotorige 629 303 unterwegs.

◂ Mayen-Ost an der Eifelquerbahn war früher ein Abzweigbahnhof und besaß ein stattliches Bahnbetriebswerk, dessen Lokschuppen im Hintergrund zu sehen ist. Aufgenommen am 17. Juli 1985.

Unterhaltungs-
Grenze
212 125-9

Daun

◂ Am 27. September 1986 ist 212 125 mit einer Umbauwagengarnitur bei Plaidt auf der Strecke zwischen Mayen und Andernach unterwegs.

Am 16. Juli 1990 verlässt ein Schienenbus der Reihe 798 den Bahnhof von Darscheid an der Eifelquerbahn in Richtung Mayen/Andernach.

◂ Am 16. Juli 1990 ist der Bahnhof von Daun in der Eifel nur noch eine Durchgangsstation der Eifelquerbahn Gerolstein–Andernach. Bis zum 1. November 1981 konnte man von hier aus noch nach Wengerohr an der Moselstrecke fahren.

Linde

ÜBER
2000
JAHRE
TÖNISSTEINER

◂ Die einzige erhaltene Mallet-Dampflok der Brohltalbahn, Lok 11 sm, kann seit Juni 2015 wieder vor Personenzügen im Brohltal eingesetzt werden. Am 5. Juni 2015, dem ersten Einsatztag, steht die Lok vor dem Lokschuppen in Brohl.

Da Lok 11 sm am 4. Juni 2015 für die Fahrt auf dem Steilstreckenabschnitt Oberzissen–Engeln noch nicht zugelassen ist, müssen die O&K-Loks der Brohltalbahn D1 und D2 den Zug zum Endbahnhof schleppen.

◂ Bekanntestes Bauwerk der Brohltalbahn ist der Tönissteiner Viadukt, den Lok 11 sm am 5. Juni 2015 auf Bergfahrt überquert.

RE22 Trier Hbf
644 505
DB

◂ Obwohl es sich um die kürzeste Verbindung zwischen den Bischofsstädten Köln und Trier handelt, ist die Hauptstrecke durch die Eifel nicht durchgängig zweigleisig. Auf dem eingleisigen Abschnitt bei Usch begegnet uns am 7. Juni 2013 ein Triebwagen der Reihe 644.

Im Jahr 2007 war die Hauptstrecke Mönchengladbach–Aachen noch mit konventioneller Sicherheitstechnik ausgestattet. Die neuen Signale sind aber bereits aufgestellt (Wickrath, 9. Juni 2007).

◂ Als Regionalexpress Köln–Trier verlassen am 7. März 2011 zwei Triebwageneinheiten der Reihe 644 den noch mit Formsignalen gesicherten Bahnhof von Satzvey an der Eifelstrecke.

An der Spitze dieses Triebwagenpärchens läuft mit 928 505 ein bei den Luxemburgischen Bahnen eingereihtes Fahrzeug, während der DB-Triebwagen 628-489 den Zugschluss bildet (Mürlenbach/Eifelstrecke, 7. Juni 2013).

Die Rheinstrecken

Die beiden Rheinstrecken Mainz–Köln (linksrheinisch) und Wiesbaden–Troisdorf (–Köln/rechtsrheinisch) gehörten bis zur Eröffnung der Hochgeschwindigkeitsstrecke Köln–Frankfurt zu den bedeutendsten Hauptbahnen Deutschlands. Legendäre Züge wie der 1928 eingeführte FD „Rheingold" nahmen ihren Weg von Köln aus über die linke Rheinstrecke. Auch heute gehören beide Rheinstrecken mit zusammen fast 500 Zügen täglich zu den höchstbelasteten Linien im Streckennetz der Deutschen Bahn, wobei sich der Güterverkehr mehr auf die rechte Rheinstrecke konzentriert.

Entstanden sind beide Strecken Mitte des 19. Jahrhunderts. 1844 wurde durch die Cöln-Bonner Eisenbahn-Gesellschaft der Abschnitt zwischen Köln St. Pantaleon und Bonn eröffnet. Zwölf Jahre später konnten die Züge weiter bis Rolandseck fahren. Nachdem die Rheinische Eisenbahn-Gesellschaft die Strecke im Jahr 1857 übernommen hatte, konnte schon ein Jahr später der Zugbetrieb bis Koblenz aufgenommen werden und bereits 1859 war Bingerbrück an der Einmündung der Nahe erreicht. Etwas später als auf der linken Rheinseite kam der Bahnbau rechtsrheinisch voran. Hier begannen die Arbeiten im südlichen Abschnitt, wo 1856 von der Nassauischen Rheinbahn ein kurzes Streckenstück durch den Rheingau von Wiesbaden bis Rüdesheim fertiggestellt wurde. Sechs Jahre später war Oberlahnstein an der Lahnmündung erreicht, weitere zwei Jahre danach konnte bis Niederlahnstein gefahren werden. Der Rheinischen Eisenbahn-Gesellschaft war es dann vorbehalten, den nördlichen Teil der rechten Rheinstrecke zu bauen, wobei nach längerem Streit Siegburg als Endpunkt bestimmt wurde. 1869 wurde der Streckenabschnitt bis Neuwied eröffnet, im folgenden Jahr war Oberkassel erreicht und am 1. März 1871 war die Gesamtstrecke einschließlich eines Abzweigs in Richtung Troisdorf abgeschlossen, der heute den nördlichsten Teil der rechten Rheinstrecke darstellt.

Verbindungen zwischen den Strecken beiderseits des Rheins gibt es in Köln mit der Deutzer Brücke und der Südbrücke, in Neuwied mit der Urmitzer und in Koblenz mit der Horchheimer Eisenbahnbrücke. Zwei weitere Brücken, die vorwiegend aus strategischen Gründen errichtet worden waren, sind den Kampfhandlungen am Ende des Zweiten Weltkriegs zum Opfer gefallen. Die Ludendorff-Brücke zwischen Erpel und Remagen diente der Anbindung der Ahrtalbahn an die rechte Rheinstrecke, wurde 1919 eingeweiht und spielte somit im Ersten Weltkrieg keine Rolle mehr. Im März 1945 stürzte die Brücke nach der Eroberung durch amerikanische Truppen in den Rhein. Von Rüdesheim nach Bingen führte die 1915 errichtete Hindenburgbrücke als Verbindung von rechter Rheinstrecke und Nahetalbahn, die ebenfalls im März 1945 zerstört und nicht wieder aufgebaut wurde. Als älteste Verbindung zwischen beiden Rheinstrecken existiert die Pfaffendorfer Brücke in Koblenz zwar heute noch, sie ist aber seit Mitte der 1930er-Jahre zur reinen Straßenbrücke umgebaut worden.

Als sich nach dem Zweiten Weltkrieg durch die Teilung Deutschlands die bedeutenden Verkehrsströme verlagerten, wurde die Elektrifizierung dieser wichtigen Verkehrsadern mit Nachdruck vorangetrieben. Ab 1959 konnte auf der für den hochwertigen Reisezugverkehr bedeutenderen linken Rheinstrecke elektrisch gefahren werden, zwei Jahre später folgte auch die rechtsrheinische Strecke. Welche Bedeutung diese beiden Verkehrsachsen im Schienenverkehr der jungen Bundesbahn hatten, zeigt sich auch daran, dass die nicht unbedeutende, in Koblenz von der Rheinstrecke abzweigende Moselstrecke erst 1973 elektrifiziert wurde. Wie bereits angedeutet, wurde ein großer Teil des hochwertigen Fernverkehrs nach Fertigstellung der Hochgeschwindigkeitsstrecke Köln–Frankfurt im Jahr 2002 von der linken Rheinstrecke abgezogen. Noch heute nehmen alle lokbespannten Fernzüge, die auf der Neubaustrecke nicht zugelassen sind, aber auch einige ICE-Züge ihren Weg durchs Rheintal und bieten dem nicht so eiligen Fahrgast das einzigartige Erlebnis einer Eisenbahnfahrt entlang des UNESCO-Weltkulturerbes Mittelrheintal. Der Nah- und Regionalverkehr wird auf beiden Strecken zurzeit durch die Deutsche Bahn und verschiedene nichtbundeseigene Bahngesellschaften durchgeführt, wobei der Verkehr in Koblenz oder Neuwied gebrochen wird. Es kommen überwiegend Elektrotriebwagen modernster Bauart zum Einsatz.

Obwohl überwiegend im Personenverkehr genutzt, dient die linke Rheinstrecke auch dem Güterverkehr. Am 9.Juli 2016 passiert ein Kesselwagenzug auf der Fahrt in Richtung Bingen die Liebfrauenkirche in Oberwesel.

Von der rechten Rheinstrecke auf die Güterbahn Gremberg–Duisburg-Wedau wechseln die Güterzüge im Bahnhof Köln-Gremberg. Der Güterzug mit zwei Loks der Reihe 151 passiert Gremberg am 17. März 2012 auf der Fahrt nach Norden.

RAILION
151 088-2

◂ Seltener werden inzwischen die noch von der „alten“ DB beschafften Elektrolokomotiven. 151 088 wird am 24. April 2010 auf der rechten Rheinstrecke bei Hammerstein noch benötigt, auch wenn der Güterzug recht kurz ist.

Auf dem falschen Gleis befördert die ehemals österreichische 1042 520 ihren Güterzug in der Nähe der Marksburg in Richtung Rüdesheim. Zum Zeitpunkt der Aufnahme vom 30. Juli 2010 macht die Lok Werbung für eine bekannte Eisenbahnzeitschrift.

◂ Moderne Elektrotriebwagen wickeln inzwischen den Nahverkehr auf der rechten Rheinstrecke ab. In Lahnstein wird dabei am 8. Juni 2014 vor der Kulisse von Schloss Stolzenfels die Lahn überquert.

◂ Auch vom Radweg an der Bundesstraße bieten rechte Rheinstrecke und Marksburg gemeinsam ein schönes Fotomotiv. Die Flirt-Triebwagen des Unternehmens VIAS haben die DB-Züge im Nahverkehr abgelöst. Das Foto entstand am 8. Juni 2014.

Ursprünglich hatte der Loreley-Tunnel durch den berühmten Felsen im Rheintal nur eine Röhre. Im Zuge der Elektrifizierung erhielt das rechte Streckengleis zwischen 1959 und 1961 eine eigene Tunnelröhre, zu der die Stützmauer rechts gehört. 140 514 ist am 21. April 1994 mit ihrem Güterzug auf dem Weg in Richtung Rüdesheim.

◂ Vor der Kulisse der „feindlichen Brüder“, der Burgen Sterrenberg und Liebenstein, ist eine Lok der Reihe 110 am 3. August 2008 mit ihrem Nahverkehrszug zwischen Kamp-Bornhofen und Kestert unterwegs.

3
RAILION
151 151-8

DB
143 878-7
Bü
81,4

◀ Die rechte Rheinstrecke dominieren heute Nah- und Güterverkehr. Am 24. Juli 2008 passiert 151 151 mit ihrem Containerzug die Ortschaft Kaub unterhalb der Burg Gutenfels.

Die Ruine Ehrenfels bei Rüdesheim gehört zusammen mit dem nahe gelegenen Niederwalddenkmal zum Weltkulturerbe Oberes Mittelrheintal. Das Motiv an der Rheinstrecke unterhalb der Burg motivierte schon den bekannten Eisenbahnfotografen Bellingrodt an dieser Stelle zu einem Foto (1. August 2010).

◀ Die DB betreibt am 1. August 2010 noch den Nahverkehr auf der rechten Rheinseite. Bei Kaub ist an diesem Tag 143 878 im Einsatz. Der malerische Schrankenposten ist bereits aufgelassen.

Von den Weinbergen bei Lorch fällt der Blick am 24. Juli 2008 auf den Strom, die Rheininsel und den südwärts laufenden Güterzug mit Lok 185 273.

Auch auf der linken Rheinstrecke hat die DB inzwischen den Wettbewerb um den Nahverkehr verloren. Am 2. August 2008 ist aber noch 143 280 mit einem Doppelstockzug unterhalb vor Burg Stahleck im Einsatz. Der Zug verbindet Koblenz und Bingen.

Auf der linken Rheinstrecke verkehren die nach Eröffnung der Hochgeschwindigkeitsstrecke Köln–Frankfurt verbliebenen Fernzüge. Der IC mit seiner Schublok der Reihe 101 hat am 11. Juni 2011 soeben den Bahnhof von Bacharach durchfahren. Nächster Halt wird Bingen sein.

Von der Stadtmauer in Oberwesel lässt sich der Betrieb auf der linken Rheinstrecke gut beobachten. Am 24. Juli 2008 passiert 143 147 mit einem Wendezug den Fotografen auf der Fahrt nach Koblenz.

In den frühen Abendstunden lohnt sich für den Eisenbahnfotografen ein Spaziergang in den Weinbergen von Boppard. Auf dem fast geraden Streckenstück unterhalb lassen sich dann auch lange ICE-Züge komplett ablichten, wie hier am 1. August 2008.

Zu den ältesten Burgen am Rhein gehört die Ruine Rheineck oberhalb von Brohl, die am 24. April 2010 ein IC mit seiner Lok der Reihe 101 auf der Fahrt nach Süden passiert.

110 429 ist mit ihrem Schnellzug am 4. April 1986 im Bahnhof Andernach angekommen. Hier zweigt von der linken Rheinstrecke die Eifelquerbahn nach Gerolstein ab.

Als die DB für die IC-Triebwagen der Reihe 403 keine rechte Verwendung mehr hatte, setzte sie die Lufthansa auf der linken Rheinstrecke zwischen Düsseldorf und Frankfurt als Ersatz für Kurzstreckenflüge ein (Oberwinter, 6. April 1986).

150 111 hat am 19. Juli 1985 bei Sinzig wenig Mühe, den kurzen Güterzug auf der linken Rheinstrecke nach Süden zu befördern.

Am Abend des 2. Juni 1986 befördert 140 506 einen Güterzug auf der linken Rheinstrecke bei Bad Breisig in Richtung Köln.

Am selben Tag ist 140 505 in der Gegenrichtung im Güterzugdienst beschäftigt.

DB
150 111-3
58
8

DB
140 505-9

Eine Verbindung von der rechten zur linken Rheinstrecke bietet die Kölner Südbrücke, die normalerweise nur von Güterzügen befahren wird. Am 19. Juli 2002 wurde 143 214 mit ihrem Zug aus n-Wagen offenbar umgeleitet.

Begegnung zweier IC-Züge auf der linken Rheinstrecke bei Oberwinter am 6. April 1986.

Für den neuen Bahnhof Montabaur an der Hochgeschwindigkeitsstrecke wurde der alte Bahnhof der Stadt aufgegeben und die Strecke Siershahn–Limburg im Stadtgebiet neu trassiert. Am 8. Juni 2008 durcheilt eine Doppelgarnitur der Reihe 403 den neuen Bahnhof ohne Halt.

DB
143 214-5

Fi 1
89
2
ICE
DB
89
2

Parallel zur A 3 Köln–Frankfurt verläuft in weiten Teilen die 300-km/h-Strecke Köln–Frankfurt durch den Westerwald (Mogendorf, 8. Juni 2008).

Die Hauptbahnhöfe

Die Deutsche Bahn hat alle Bahnhöfe in Deutschland in sieben verschiedene Kategorien eingeteilt, die durch bestimmte Ausstattungsmerkmale und das Nachfragepotenzial definiert werden. Im Rheinland gehören allein fünf von bundesweit 21 Bahnhöfen zu der höchsten Kategorie. Auffallend ist, dass mit Köln-Deutz sogar eine Station ohne Hauptbahnhofstatus von der DB dieser Kategorie zugeordnet wurde. Dieser Bahnhof ist allerdings betrieblich eng mit dem auf der anderen Rheinseite gelegenen Kölner Hauptbahnhof verzahnt und als einziger rheinischer Großbahnhof als Turmbahnhof angelegt. Weitere Bahnhöfe der Kategorie eins sind die Hauptbahnhöfe in Essen, Duisburg, Düsseldorf und Köln. Sie werden nicht nur von den wichtigsten IC- und ICE-Linien im bundesdeutschen Westen angefahren, sondern auch vom französischen „Thalys", der das Rhein-Ruhr-Gebiet über Aachen und Brüssel mit Paris verbindet. Diese bedeutendsten Hauptbahnhöfe des Rheinlandes liegen an den schon früh eröffneten Strecken der ehemaligen Cöln-Mindener-Eisenbahn und der Bergisch-Märkischen Strecke durch das Ruhrgebiet. Alle Bahnhöfe der Kategorie 1 weisen eine sehr hohe Zahl an Reisenden auf. Allein der Kölner Hauptbahnhof wird täglich von 280.000 Reisenden genutzt, in Düsseldorf sind es 250.000 Fahrgäste. Selbst Duisburg als Schlusslicht in der Reihe bedeutendster Bahnhöfe des Rheinlandes weist immerhin noch 100.000 Fahrgäste täglich auf.

Bahnhöfe der Kategorie 2 im Rheinland sind die Hauptbahnhöfe von Aachen, Mönchengladbach, Oberhausen, Bonn, Koblenz und Wuppertal, wobei Oberhausen an der ehemaligen CME-Strecke heute für IC-Verbindungen das Tor in die Niederlande ist. Einziger Hauptbahnhof der Kategorie 3 ist der in Krefeld, der erst 2013 herabgestuft wurde und ebenso wie Mönchengladbach zeitweilig keinen Fernverkehr mehr aufwies. Das ist inzwischen anders, seit mit dem IC-Paar 2222/2223 ein Zug des Fernverkehrs zwischen Aachen und Berlin-Südkreuz von montags bis freitags über beide Städte geführt wird. Mönchengladbach ist außerdem Zwischenstation saisonal verkehrender IC-Züge, die zwischen Basel/Frankfurt und Utrecht/Amsterdam verkehren.

Eine Besonderheit stellt der Hauptbahnhof von Wuppertal dar. Ursprünglich Döppersberg genannt, später dann Wuppertal-Elberfeld, weist dieser Bahnhof nicht die typischen Merkmale anderer Hauptbahnhöfe auf, wie das Zusammenlaufen bedeutender Hauptbahnen. Die Stadt Wuppertal wurde 1929 aus verschiedenen Städten wie Elberfeld und Barmen zur Stadt Barmen-Elberfeld vereinigt und ein Jahr später nach einem Bürgerentscheid in Wuppertal umbenannt, wobei sich die Siedlungsfläche der Stadt eher linienförmig entlang des Flusses Wupper erstreckt. Aus diesem Grund besitzt Wuppertal mehrere größere Bahnhöfe wie Barmen, Oberbarmen, Elberfeld oder Vohwinkel, die hintereinander an der die Stadt durchquerenden Hauptstrecke liegen und an die Situation auf der Berliner Stadtbahn erinnern. Die wichtigste dieser Stationen – Elberfeld – erhielt im Jahr 1992 den Zusatz „Hauptbahnhof". Dort halten halbstündlich die Züge des Fernverkehrs, die von Hagen/Dortmund aus durch das Bergische Land in Richtung Köln verkehren.

Alle hier genannten Hauptbahnhöfe zeichnen sich nicht nur durch ihre Größe, sondern zum Teil auch durch ihre beeindruckende Architektur aus. Gleisüberspannende historische Bahnhofshallen gibt es auf den Hauptbahnhöfen in Köln, Bonn, Aachen, Mönchengladbach und Krefeld. Die Hallen in Essen, Wuppertal-Elberfeld und Koblenz sind ebenso wie die von Köln-Deutz leider in den Bombennächten des Zweiten Weltkriegs zerstört und nicht wieder aufgebaut worden. Auch die imposante Bahnhofshalle des Kölner Hauptbahnhofs stand vor wenigen Jahrzehnten bei Planungen zum Umbau des Bahnhofs zur Disposition. Glücklicherweise standen finanzielle Erwägungen diesem Vorhaben zunächst im Wege, bevor ein Umdenken im Umgang mit historischer Bausubstanz einsetzte, sodass Erweiterungen des Nadelöhrs Köln Hbf in Form von Außenbahnsteigen außerhalb der Halle stattfanden und in Zukunft stattfinden werden. Ebenfalls die Gleise überspannt die Bahnhofshalle in Duisburg mit ihrem eher kastenförmigen Querschnitt. Quer zu den Bahnsteigen verläuft die in der ersten Hälfte der 1980er-Jahre erneuerte Halle des Düsseldorfer Hauptbahnhofs. Alle anderen bedeutenden Bahnhöfe des Rheinlandes weisen lediglich Bahnsteigdächer auf.

Die Empfangsgebäude der rheinischen Hauptbahnhöfe dokumentieren wichtige Epochen der deutschen Bahnhofsarchitektur. Beispiele aus der wilhelminischen Zeit finden sich in Aachen, Mönchengladbach, Bonn, Köln-Deutz/Messe, Koblenz und Krefeld, die Gebäude stehen entsprechend ihrer kulturellen Bedeutung fast alle unter Denkmalschutz, sind aber teilweise nach dem Zweiten Weltkrieg in vereinfachter Form restauriert worden (Mönchengladbach, Koblenz). Beispiele für die Architektur der Neuen Sachlichkeit aus den 1930er-Jahren finden sich in Duisburg, Oberhausen und Düsseldorf, während in Köln und Essen sachlich-nüchterne Nachkriegsbauten als Empfangsgebäude dienen.

Die Station Elberfeld im Wuppertaler Stadtgebiet trägt heute den Namen „Wuppertal Hauptbahnhof", die schöne Bahnhofshalle von früher musste aber den üblichen einförmigen Bahnsteigdächern weichen (7. November 1998).

Am Abend des 7. November 1998 hat 110 252 einen Nahverkehrszug nach Essen Hbf gebracht. Auch dieser Bahnhof besaß früher eine Bahnhofshalle.

Nur wenige Jahre sind Lok 103 133 und auch der Zuggattung „Interregio" am 7. November 1998 noch vergönnt, die in Essen Hbf auf der Fahrt durch das Ruhrgebiet einen Zwischenhalt einlegen. Die Loks der Reihe 103 waren um das Jahr 2000 am Ende ihrer Lebenszeit angekommen, die Zuggattung wird allerdings heute noch von den Reisenden vermisst.

Am 6. April 1994 wird der S-Bahn-Verkehr im Rhein-Ruhr-Raum mit Lokomotiven der DR-Reihe 143 und Wendezügen aus x-Wagen durchgeführt. 143 552 trägt in Oberhausen Hbf noch die alte Eigentümerbezeichnung, obwohl die Deutsche Reichsbahn seit einem Vierteljahr Geschichte ist.

Einfahrt eines bunten IC-Zuges am 20. November 1993 in den Oberhausener Hauptbahnhof. Es führt 103 152.

141 305-3
DB
A

110 480-1
DB

◂ In der grünen Ursprungslackierung war 141 305 am 21. Juni 1987 unterwegs, als sie mit ihrem Nahverkehrszug in Duisburg einlief. Der dortige Hauptbahnhof erhält gerade neue Bahnsteigdächer.

Eine der wenigen erhaltenen Bahnhofshallen des Rheinlandes besitzt der Krefelder Hauptbahnhof. Am 23. Dezember 2001 besorgen zwei Elektrotriebwagen der Reihe 425 den Nahverkehr.

◂ 110 480 ist am 21. Juni 1987 mit einem Schnellzug am Duisburger Hauptbahnhof angekommen.

215 077-9
DB

DB
141 159-4
DB
110 488-4

◂ Am 6. April 1994 passiert 215 077 mit einem Güterzug den Krefelder Hauptbahnhof.

Vor der Bahnhofshalle des Mönchengladbacher Hauptbahnhofs wartet 141 248 am 4. Oktober 1994 auf Ausfahrt. Die Lok hatte gemeinsam mit einem Wendezug eine Versuchslackierung erhalten, die sich aber nicht durchsetzen konnte.

◂ Eine mehrschiffige Bahnhofshalle weist der Mönchengladbacher Hauptbahnhof auf, vor der 141 159 und 110 488 am 28. April 1996 auf Ausfahrt in Richtung Aachen warten.

RE1 Hamm (Westf)
DB
146 023

THALYS
4302

◂ Eine weitere der wenigen erhaltenen Bahnhofshallen des Rheinlandes steht in Aachen. Der Regionalexpress der Linie RE 1 verbindet die Kaiserstadt mit Hamm am östlichen Rand des Ruhrgebiets (7. September 2014).

Der mächtige Uhrenturm des Bahnhofsgebäudes, der früher als Wasserturm verwendet wurde, überragt den Düsseldorfer Hauptbahnhof. Bald ausgedient haben werden die n-Wagen mit ihrer Lok der Reihe 111, die zwischen 1974 und 1984 in Dienst gestellt wurde (24. März 2011).

◂ Letzter Stopp in Deutschland für den französischen Hochgeschwindigkeitszug „Thalys" auf der Fahrt von Köln Hbf nach Paris ist Aachen Hbf (7. September 2014).

110 102-1

DB
103 221-8
DB
103 188-9

◂ 1983 wurde die Bahnhofshalle des Düsseldorfer Hauptbahnhofs komplett erneuert. 110 102 konnte deshalb nach der Fahrt von Hagen nach Düsseldorf am 30. Juli 1983 im Sonnenlicht fotografiert werden.

Nach der Wende kamen die Reichsbahnloks der Reihe 143 auch im Nahverkehr an Rhein und Ruhr zum Einsatz. 143 188 ist am 19. Juli 2002 mit einer bunten Garnitur n-Wagen in Köln-Deutz eingelaufen.

◂ Als 103 221 und 103 188 mit ihren IC-Zügen am 17. Mai 1996 in Köln Hbf auf Ausfahrt auf die linke Rheinstrecke warten, sind sie im bundesdeutschen Fernverkehr noch unverzichtbar.

In einer der schönsten Bahnhofshallen Deutschlands, der des Kölner Hauptbahnhofs, ist am 9. April 1991 110 284 mit einem D-Zug angekommen. Rechts wartet die City-Bahn nach Gummersbach auf Ausfahrt.

Im Gegensatz zu ihrer noch blau lackierten Schwester trägt 110 276 drei Jahre später, am 12. Februar 1994, bereits das rote Farbkleid mit dem sogenannten Lätzchen.

◂ Um dem gewachsenen Schienenverkehr über den Rhein Rechnung zu tragen, erhielt die Hohenzollernbrücke zwei weitere Gleise für den S-Bahn-Verkehr. Auf der anderen Rheinseite ist im Hintergrund das weitläufige Bahnhofsgelände des Bahnhofs Köln Deutz/Messe zu erkennen. Das Foto entstand am 10. August 2001.

DB

DB
103 135-0

◂ Halt eines „Lufthansa-Airport-Express“ im Bonner Hauptbahnhof am 1. April 1986.

Für den grenzüberschreitenden Verkehr mit Frankreich sind auf der Moselstrecke die Loks der Reihe 181 eingesetzt. Am 7. Oktober 1985 ist 181 200 im Koblenzer Hauptbahnhof angekommen.

◂ Einfahrt von 103 135 mit einem Intercity-Zug in den Bonner Hauptbahnhof am 1. April 1986.

Streckendaten

Eröffnungs-, Stilllegungs- und Wiedereröffnungsdaten der im Buch vorgestellten Strecken (Stilllegungen betreffen, wenn nicht anders vermerkt, den Personenverkehr (PV). Es sind immer nur die Streckenabschnitte aufgeführt, die heute oder zum Schluss noch bedient werden oder wurden).

Bergisches Land

Strecke	Eröffnung	Stilllegung im PV	Wiedereröffnung
Wuppertal–Remscheid–Solingen-Ohligs	1867: Ohligs-Wald–Solingen 01.09.1868: Rittershausen (Wuppertal)–Remscheid 15.07.1897: Solingen–Remscheid		
Wuppertal-Wichlinghausen–Düsseldorf	15.05.1879: Wupptertal-Wichlinghausen–Düsseldorf	27.09.1991: Wuppertal-Wichlinghausen–Mettmann	
Opladen–Hilgen	15.10.1881: Opladen–Hilgen	31.05.1991: Opladen–Hilgen	
Wuppertal–Essen	01.12.1847: Vohwinkel–Überruhr 01.03.1862: Essen–Steele 01.06.1863: Überruhr–Steele		
Wuppertal–Köln/Düsseldorf	01.12.1841: Erkrath–Steinbeck 09.10.1847: Elberfeld (Döppersberg)–Schwelm 20.10.1848: Schwelm–Hagen 20.12.1848: Steinbeck–Elberfeld 25.09.1867: Gruiten–Opladen 08.04.1868: Opladen–Mülheim (Köln) 01.02.1872: Mülheim–Deutz (Köln)		
Düsseldorf–Essen	01.02.1872: Düsseldorf–Werden 15.08.1877: Werden–Essen		
Wuppertal-Elberfeld–Wuppertal-Cronenberg	1891: Elberfeld–Cronenberg	22.02.1988: Elberfel–Cronenberg	
Marienheide–Lennep	15.05.1876: Lennep–Hückeswagen 01.01.1877: Hückeswagen–Wipperfürth 15.01.1902: Wipperfürth–Marienheide	01.06.1985: Wipperfürth-Ost–Marienheide 31.05.1986: Wipperfürth-Ost–Remscheid-Lennep	
Köln–Siegen	01.01.1859: Deutz–Hennef 15.10.1859: Hennef–Eitorf 01.08.1860: Eitorf–Wissen 10.01.1861: Wissen–Siegen		
Osberghausen–Waldbröl	21.04.1897: Osberghausen–Wiehl 15.12.1906: Wiehl–Waldbröl	25.09.1965: Osberghausen–Waldbröl	
Ratingen-West–Wülfrath	28.05.1903: Ratingen-West–Wülfrath	01.12.1952: Ratingen-West–Wülfrath	

Niederrhein und Köln-Aachener Bucht

Strecke	Eröffnung im PV	Stilllegung im PV	Wiedereröffnung
Köln–Aachen	02.08.1839: Köln–Müngersdorf 02.07.1840: Müngersdorf–Lövenich 01.09.1841: Lövenich–Aachen		
Aachen–Mönchengladbach	12.08.1852: Mönchengladbach–Rheydt 12.11.1852: Rheydt–Herzogenrath 17.01.1853: Herzogenrath–Aachen		
Düren–Linnich	01.10.1873: Düren–Jülich 15.12.1911: Jülich–Baal	29.09.1968: Jülich–Baal	08.06.2002: Jülich–Linnich
Talbahn	01.10.1873: Weisweiler–Eschweiler 1875: Stolberg–Eschweiler	22.05.1983: gesamte Talbahn	10.06.2001: Stolberg Hbf–Stolberg-Hammer 11.09.2004: Stolberg Hbf–Eschweiler-Weisweiler 10.06.2009: Eschweiler-Weisweiler–Langerwehe (Neubaustrecke)
Horrem–Bedburg	20.02.1897: Horrem–Zieverich 08.05.1897: Zieverich–Bedburg		
Düren–Neuss	01.09.1869: Düren–Neuss	02.06.1996: Düren–Bedburg (Einstellung PV schon 27.05.1995)	
Rheydt–Dalheim	15.02.1879: Rheydt–Dalheim		
Lindern–Heinsberg	16.05.1890: Lindern–Heinsberg	26.09.1980: Lindern–Heinsberg	15.12.2013: Lindern–Heinsberg (elektrisch)
Selfkantbahn	07.04.1900: Gillrath–Schierwaldenrath	1960: Gillrath–Schierwaldenrath	1972: Gillrath–Schierwaldenrath (als Museumsbahn)
Krefeld–Kleve	01.03.1863: Krefeld–Kleve		
Düsseldorf–Duisburg	09.02.1846: Düsseldorf–Duisburg		
Duisburg-Wedau–Köln-Gremberg	18.11.1874: Köln-Mülheim–Duisburg-Wedau	23.09.1983: Duisburg-Entenfang–Düsseldorf-Rath 23.09.1983: Opladen–Hilden	
(Duisburg-) Rheinhausen–Kleve	15.08.1904: Rheinhausen–Kleve	29.12.1989: Xanten–Kleve	
Oberhausen–Emmerich	01.07.1856: Oberhausen–Dinslaken 20.10.1856: Dinslaken–Emmerich		
Kaarst–Neuss	15.11.1877: Neuss–Kaarst (–Neersen)	29.09.1968: Kaarst–Neersen	1999: Kaarst–Kaarster See
Köln–Düsseldorf	20.12.1845: Deutz–Düsseldorf		
Köln–Mönchengladbach	01.02.1870: Mönchengladbach–Odenkirchen 01.10.1873: Odenkirchen–Hochneukirch 01.05.1889: Hochneukirch–Grevenbroich 1899: Grevenbroich–Köln		
Düsseldorf–Mönchengladbach	17.01.1853: Düsseldorf-Oberkassel–Mönchengladbach		
Aachen–Montzen(B)	28.02.1917: Gemmenicher Tunnel (Aachen)–Montzen (–Tongeren)	02.06.1957: Aachen–Montzen	

Eifel und Voreifel

Strecke	Eröffnung im PV	Stilllegung im PV	Wiedereröffnung
Düren–Euskirchen	06.10.1864: Düren–Euskirchen	27.05.1983: Düren–Euskirchen	Ab 03.10.2007: touristischer Sonderverkehr 11.12.2016–08.12.2018: Düren–Euskirchen
Euskirchen–Bad Münstereifel	01.10.1890: Euskirchen–Bad Münstereifel		
Bonn–Euskirchen	07.06.1880: Bonn–Euskirchen		
Köln–Trier	27.06.1865: Euskirchen–Mechernich 01.11.1867: Mechernich–Kall 19.06.1868: Kall–Sötenich 15.11.1870: Sötenich–Gerolstein 15.06.1871: Gerolstein–Trier West 01.10.1875: Euskirchen–Kalscheuren (Köln)		
Düren–Heimbach	01.06.1892: Düren–Kreuzau 01.08.1903: Kreuzau–Blens 01.09.1903: Blens–Heimbach		
Remagen–Adenau	17.09.1880: Remagen–Ahrweiler 01.12.1886: Ahrweiler–Altenahr 15.07.1888: Altenahr–Adenau	02.06.1985: Kreuzberg–Adenau	Juni 1995: Kreuzberg–Ahrbrück
Andernach–Gerolstein	01.04.1878: Andernach–Niedermendig 29.05.1880: Niedermendig–Mayen Ost 15.05.1895: Mayen Ost–Gerolstein		
Brohltalbahn	14.01.1901: Brohl–Engeln 02.01.1902: Engeln–Kempenich	September 1960: Kempenich–Oberzissen 30.09.1961: Oberzissen–Brohl	25.03.1977: touristischer Verkehr

Rheinstrecken

Strecke	Eröffnung	Stilllegung	Wiedereröffnung
Rechte Rheinstrecke	11.08.1856: Wiesbaden–Rüdesheim 22.02.1862: Rüdesheim–Oberlahnstein 03.06.1864: Oberlahnstein–Niederlahnstein 27.10.1869: Niederlahnstein–Neuwied 11.07.1870: Neuwied–Oberkassel 01.03.1871: Oberkassel–Troisdorf		
Linke Rheinstrecke	15.02.1844: Köln (Pantaleon)–Bonn 21.01.1856: Bonn–Rolandseck 1858: Rolandseck–Koblenz 15.12.1859: Köln (Pantaleon)–Köln Centralbahnhof und Koblenz–Bingerbrück		

Buchhinweise

Stillgelegte Bahnstrecken im Rheinland

Bernd Franco Hoffmann

978-3-95400-396-9
22,99 €

Stillgelegte Bahnstrecken im Bergischen Land

Bernd Franco Hoffmann

978-3-95400-147-7
19,95 €

Weitere Bücher aus Ihrer Region finden Sie unter:
www.suttonverlag.de

44 2546-8